PROPRIÉTÉ ET LOI.

JUSTICE ET FRATERNITÉ.

Imprimerie de Hennuyer et Ce, rue Lemercier, 24.
Batignolles.

PROPRIÉTÉ ET LOI

JUSTICE ET FRATERNITÉ

PAR

M. F. BASTIAT,

Membre correspondant de l'Institut,
REPRÉSENTANT DU PEUPLE A L'ASSEMBLÉE NATIONALE.

EXTRAIT DU JOURNAL DES ÉCONOMISTES.
Nos du 15 mai et du 15 juin 1848.

PARIS

LIBRAIRIE DE GUILLAUMIN ET Cᵉ,
ÉDITEURS DE LA COLLECTION DES PRINCIPAUX ÉCONOMISTES,
DU JOURNAL DES ÉCONOMISTES, ETC.,
Rue Richelieu, 14.

1848

PROPRIÉTÉ ET LOI.

La confiance de mes concitoyens m'a revêtu du titre de *Législateur*.

Ce titre, je l'aurais certes décliné, si je l'avais compris comme faisait Rousseau.

« Celui qui ose entreprendre d'instituer un « peuple, dit-il, doit se sentir en état de chan- « ger, pour ainsi dire, la nature humaine, de « transformer chaque individu qui, par lui-mê- « me, est un tout parfait et solitaire, en partie « d'un plus grand tout dont cet individu reçoive « en quelque sorte sa vie et son être ; d'altérer « la constitution physique de l'homme pour la « renforcer, etc., etc... S'il est vrai qu'un grand « prince est un homme rare, que sera-ce d'un « grand législateur! Le premier n'a qu'à suivre « le modèle que l'autre doit proposer. Celui-ci « est le mécanicien qui invente la machine, ce- « lui-là n'est que l'ouvrier qui la monte et la fait « marcher. »

Rousseau, étant convaincu que l'état social était d'invention humaine, devait placer très-haut la loi et le législateur. Entre le législateur et le reste des hommes, il voyait la distance ou plutôt l'abîme qui sépare le mécanicien de la matière inerte dont la machine est composée.

Selon lui, la loi devait transformer les personnes, créer ou ne créer pas la propriété. Selon moi, la société, les personnes et les propriétés existent antérieurement aux lois, et, pour me renfermer dans un sujet spécial, je dirai : ce n'est pas parce qu'il y a des lois, qu'il y a des propriétés ; mais parce qu'il y a des propriétés, qu'il y a des lois.

L'opposition de ces deux systèmes est radicale. Les conséquences qui en dérivent vont s'éloignant sans cesse ; qu'il me soit donc permis de bien préciser la question.

J'avertis d'abord que je prends le mot *propriété* dans le sens général, et non au sens restreint de *propriété foncière*. Je regrette, et probablement tous les économistes regrettent avec moi, que ce mot réveille involontairement en nous l'idée de la possession du sol. J'entends par *propriété* le droit qu'a le travailleur sur la valeur qu'il a créée par son travail.

Cela posé, je me demande si ce droit est de création légale, ou s'il n'est pas au contraire antérieur et supérieur à la loi ? S'il a fallu que la loi vînt donner naissance au droit de propriété, ou si, au contraire, la propriété était un fait et un droit préexistants qui ont donné naissance à la loi ? Dans le premier cas, le législateur a pour mission d'organiser, modifier, supprimer même la propriété s'il le trouve bon ; dans le second, ses attributions se bornent à la garantir, à la faire respecter.

Dans le préambule d'un projet de constitution publié par un des plus grands penseurs des temps modernes, M. Lamennais, je lis ces mots :

« Le peuple Français déclare qu'il reconnaît « des droits et des devoirs antérieurs et supé- « rieurs à toutes les lois positives et indépen- « dants d'elles.

« Ces droits et ces devoirs, directement éma- « nés de Dieu, se résument dans le triple dogme « qui exprime ces mots sacrés : Egalité, Liberté, « Fraternité. »

Je demande si le droit de Propriété n'est pas un de ceux qui, bien loin de dériver de la loi positive, précèdent la loi et sont sa raison d'être ?

Ce n'est pas, comme on pourrait le croire, une question subtile et oiseuse. Elle est immense, elle est fondamentale. Sa solution intéresse au plus haut degré la société, et l'on en sera con- vaincu, j'espère, quand j'aurai comparé dans leur origine et par leurs effets les deux systèmes en présence.

Les économistes pensent que la *Propriété* est un fait providentiel comme la *Personne*. Le Code ne donne pas l'existence à l'une plus qu'à l'autre. La propriété est une conséquence nécessaire de la constitution de l'homme.

Dans la force du mot, l'homme *naît propriétaire*, parce qu'il naît avec des besoins dont la satisfaction est indispensable à la vie, avec des organes et des facultés dont l'exercice est indispensable à la satisfaction de ces besoins. Les facultés ne sont que le prolongement de la personne ; la propriété n'est que le prolongement des facultés. Séparer l'homme de ses facultés, c'est le faire mourir ; séparer l'homme du produit de ses facultés, c'est encore le faire mourir.

Il y a des publicistes qui se préoccupent beaucoup de savoir comment Dieu aurait dû faire l'homme : pour nous, nous étudions l'homme tel que Dieu l'a fait ; nous constatons qu'il ne peut vivre sans pourvoir à ses besoins ; qu'il ne peut pourvoir à ses besoins sans travail, et qu'il ne peut travailler s'il n'est pas SUR d'appliquer à ses besoins le fruit de son travail.

Voilà pourquoi nous pensons que la Propriété est d'institution divine, et que c'est sa *sûreté* ou sa *sécurité* qui est l'objet de la loi humaine.

Il est si vrai que la *Propriété* est antérieure à la loi, qu'elle est reconnue même parmi les sauvages qui n'ont pas de lois, ou du moins de lois écrites. Quand un sauvage a consacré son travail à se construire une hutte, personne ne lui en dispute la possession ou la Propriété. Sans doute un autre sauvage plus vigoureux peut l'en chasser, mais ce n'est pas sans indigner et alarmer la tribu tout entière. C'est même cet abus de la force qui donne naissance à l'association, à la convention, à la *loi*; qui met la force publique au service de la Propriété. Donc, la Loi naît de la Propriété, bien loin que la Propriété naisse de la Loi.

On peut dire que le principe de la propriété est reconnu jusque parmi les animaux. L'hirondelle soigne paisiblement sa jeune famille dans le nid qu'elle a construit par ses efforts.

La plante même vit et se développe par assimilation, par *appropriation*. Elle s'*approprie* les substances, les gaz, les sels qui sont à sa portée. Il suffirait d'interrompre ce phénomène pour la faire dessécher et périr.

De même, l'homme vit et se développe par *appropriation*. L'appropriation est un phénomène naturel, providentiel, essentiel à la vie, et la *propriété* n'est que l'appropriation devenue un droit par le travail. Quand le travail a rendu *assimilables*, *appropriables* des substances qui ne l'étaient pas, je ne vois vraiment pas comment on pourrait prétendre que, de droit, le phénomène de l'appropriation doit s'accomplir au profit d'un autre individu que celui qui a exécuté le travail.

C'est en raison de ces faits primordiaux, conséquences nécessaires de la constitution même de l'homme, que la Loi intervient. Comme l'aspiration vers la vie et le développement peut porter l'homme fort à dépouiller l'homme faible, et à violer ainsi le droit du travail, il a été convenu que la force de tous serait consacrée à prévenir et réprimer la violence. La mission de la Loi est donc de faire respecter la Propriété. Ce n'est pas la Propriété qui est conventionnelle, mais la Loi.

Recherchons maintenant l'origine du système opposé.

Toutes nos constitutions passées proclament que la *Propriété* est sacrée, ce qui semble assigner pour but à l'association commune le libre développement, soit des individualités, soit des associations particulières, par le travail. Ceci implique que la Propriété est un droit antérieur à la Loi, puisque la Loi n'aurait pour objet que de garantir la *Propriété*.

Mais je me demande si cette déclaration n'a pas été introduite dans nos chartes pour ainsi dire instinctivement, à titre de phraséologie, de lettre morte, et si surtout elle est au fond de toutes les convictions sociales ?

Or, s'il est vrai, comme on l'a dit, que la littérature soit l'expression de la société, il est permis de concevoir des doutes à cet égard, car jamais, certes, les publicistes, après avoir respectueusement salué le principe de la propriété, n'ont autant invoqué l'intervention de la loi, non pour faire respecter la Propriété, mais pour modifier, altérer, transformer, équilibrer, pondérer, et organiser la propriété, le crédit et le travail.

Or, ceci suppose qu'on attribue à la Loi, et par suite au Législateur, une puissance absolue sur les personnes et les propriétés.

Nous pouvons en être affligés, nous ne devons pas en être surpris.

Où puisons-nous nos idées sur ces matières et jusqu'à la notion du *Droit?* Dans les livres latins, dans le Droit romain. Je n'ai pas fait mon Droit, mais il me suffit de savoir que c'est là la source de nos théories, pour affirmer qu'elles sont fausses. Les Romains devaient considérer la Propriété comme un fait purement conventionnel, comme un produit, comme une création artificielle de la Loi écrite. Évidemment, ils ne pouvaient, ainsi que le fait l'économie politique, remonter jusqu'à la constitution même de l'homme, et apercevoir le rapport et l'enchaînement nécessaire qui existent entre ces phénomènes : besoins, facultés, travail, propriété. C'eût été un contre-sens et un suicide. Comment eux, qui vivaient de rapine, dont toutes les propriétés étaient le fruit de la spoliation, qui avaient fondé leurs moyens d'existence sur le labeur des esclaves, comment auraient-ils pu, sans ébranler les fondements de leur société, introduire dans la législation, cette pensée que le vrai titre de la propriété, c'est le travail qui l'a produite ? Non, ils ne pouvaient ni le dire, ni le penser. Ils devaient avoir recours à cette définition empirique de la propriété, *jus utendi et abutendi*, définition qui n'a de relations qu'avec les effets, et non avec les causes, non avec les origines, car les origines, ils étaient bien forcés de les tenir dans l'ombre.

Il est triste de penser que la science du Droit, chez nous, au dix-neuvième siècle, en est encore aux idées que la présence de l'Esclavage avait dû susciter dans l'antiquité ; mais cela s'explique. L'enseignement du Droit est monopolisé en France, et le monopole exclut le progrès.

Il est vrai que les juristes ne font pas toute l'opinion publique ; maisil faut dire que l'éducation universitaire et cléricale prépare merveilleusement la jeunesse française à recevoir, sur ces matières, les fausses notions des juristes, puisque, comme pour mieux s'en assurer, elle nous plonge tous, pendant les dix plus belles années de notre vie, dans cette atmosphère de guerre et d'esclavage qui enveloppait et pénétrait la société romaine.

Ne soyons donc pas surpris de voir se reproduire dans le dix-huitième siècle cette idée romaine que la propriété est un fait conventionnel et d'institution légale; que bien loin que la Loi soit un corollaire de la Propriété, c'est la Propriété qui est un corollaire de la Loi. On sait que, selon Rousseau, non-seulement la propriété, mais la société tout entière était le résultat d'un contrat, d'une *invention* née dans la tête du Législateur.

« L'ordre social est un droit sacré qui sert de
« base à tous les autres. Cependant ce droit *ne*
« *vient point de la nature*. Il est donc fondé sur les
« *conventions*. »

Ainsi le droit qui sert de base à tous les autres est purement *conventionnel*. Donc la *propriété*, qui est un droit postérieur, est *conventionnelle* aussi. *Elle ne vient pas de la nature*.

Robespierre était imbu des idées de Rousseau. Dans ce que dit l'élève sur la propriété, on reconnaîtra les théories et jusqu'aux formes oratoires du maître.

« Citoyens, je vous proposerai d'abord quelques
« articles nécessaires pour compléter votre théo-
« rie de la *propriété*. Que ce mot n'alarme per-
« sonne. Ames de boue, qui n'estimez que l'or,
« je ne veux pas toucher à vos trésors, quelque
« impure qu'en soit la source..... Pour moi, j'ai-

« merais mieux être né dans la cabane de Fabri-
« cius que dans le palais de Lucullus, etc., etc. »

Je ferai observer ici que lorsqu'on analyse la notion de propriété, il est irrationnel et dange-reux de faire de ce mot le synonyme d'opulence et surtout d'opulence mal acquise. La chaumière de Fabricius est une propriété aussi bien que le palais de Lucullus. Mais qu'il me soit permis d'appeler l'attention du lecteur sur la phrase suivante, qui renferme tout le système :

« En définissant la liberté, ce premier besoin de l'homme, le plus sacré des droits qu'*il tient de la nature*, nous avons dit, avec raison, qu'elle avait pour limite le droit d'autrui. Pourquoi n'avez-vous pas appliqué ce principe à la pro-priété *qui est une institution sociale*, comme si les lois éternelles de la nature étaient moins invio-lables que les *conventions* des hommes ? »

Après ces préambules, Robespierre établit les principes en ces termes :

« Art. 1er. La propriété est le droit qu'a chaque citoyen de jouir et de disposer de la portion des biens qui lui est garantie *par la loi*.

« Art. 2. Le droit de propriété est borné, com-me tous les autres, par l'obligation de respecter les droits d'autrui. »

Ainsi Robespierre met en opposition la *Liberté*

et la *Propriété*. Ce sont deux droits d'origine dif-
férente : l'un vient de la nature, l'autre est d'institution sociale. Le premier est *naturel*, le second *conventionnel*.

La limite uniforme que Robespierre pose à ces
deux droits aurait dû, ce semble, l'induire à
penser qu'ils ont la même source. Soit qu'il s'a-
gisse de liberté ou de propriété, respecter le droit
d'autrui, ce n'est pas détruire ou altérer le droit,
c'est le reconnaître et le confirmer. C'est précisément parce que la propriété est un droit antérieur à la loi, aussi bien que la liberté, que l'un
et l'autre n'existent qu'à la condition de respecter le droit d'autrui, et la loi a pour mission de
faire respecter cette limite, ce qui est reconnaître et maintenir le principe même.

Quoi qu'il en soit, il est certain que Robespierre, à l'exemple de Rousseau, considérait la
propriété comme une institution sociale, comme
une convention. Il ne la rattachait nullement à
son véritable titre, qui est le travail. C'est le
droit, disait-il, de disposer de la portion de biens
garantie par la loi.

Je n'ai pas besoin de rappeler ici qu'à travers
Rousseau et Robespierre la notion romaine sur
la propriété s'est transmise à toutes nos écoles
dites socialistes. On sait que le premier volume
de Louis Blanc, sur la Révolution, est un dithy-

rambe au philosophe de Genève et au chef de la Convention.

Ainsi, cette idée que le droit de propriété est d'institution sociale, qu'il est une invention du législateur, une création de la loi, en d'autres termes qu'il est inconnu à l'homme dans l'*état de nature*, cette idée, dis-je, s'est transmise des Romains jusqu'à nous, à travers l'enseignement du droit, les études classiques, les publicistes du dix-huitième siècle, les révolutionnaires de 93, et les modernes organisateurs.

Passons maintenant aux conséquences des deux systèmes que je viens de mettre en opposition, et commençons par le système juriste.

La première est d'ouvrir un champ sans limites à l'imagination des utopistes.

Cela est évident. Une fois qu'on pose en principe que la Propriété tient son existence de la Loi, il y a autant de modes possibles d'organisation du travail, qu'il y a de lois possibles dans la tête des rêveurs. Une fois qu'on pose en principe que le législateur est chargé d'arranger, combiner et pétrir à son gré les personnes et les propriétés, il n'y a pas de bornes aux modes imaginables selon lesquels les personnes et les propriétés pourront être arrangées, combinées et pétries. En ce moment, il y a certainement en circulation à Paris plus de cinq cents projets sur l'organisation du travail, sans compter un nombre égal de projets sur l'organisation du crédit. Sans doute ces plans sont contradictoires entre eux, mais tous ont cela de commun qu'ils reposent sur cette pensée : La loi crée le droit de propriété ; le législateur dispose en maître absolu des travailleurs et des fruits du travail.

Parmi ces projets, ceux qui ont le plus attiré l'attention publique sont ceux de Fourier, de Saint-Simon, d'Owen, de Cabet, de Louis Blanc. Mais ce serait folie de croire qu'il n'y a que ces cinq modes possibles d'organisation. Le nombre en est illimité. Chaque matin peut en faire éclore un nouveau, plus séduisant que celui de la veille, et je laisse à penser ce qu'il adviendrait de l'humanité si, alors qu'une de ces inventions lui serait imposée, il s'en révélait tout à coup une autre plus spécieuse. Elle serait réduite à l'alternative ou de changer tous les matins son mode d'existence, ou de persévérer à tout jamais dans une voie reconnue fausse, par cela seul qu'elle y serait une fois entrée.

Une seconde conséquence est d'exciter chez tous les rêveurs la soif du pouvoir. J'imagine une organisation du travail. Exposer mon système et attendre que les hommes l'adoptent s'il est bon, ce serait supposer que le principe d'action est en eux. Mais dans le système que j'examine, le principe d'action réside dans le Législateur. « Le législateur, comme dit Rousseau, doit se sentir de force à transformer la nature humaine. » Donc, ce à quoi je dois aspirer, c'est de devenir législateur afin d'imposer l'ordre social de mon invention.

Il est clair encore que les systèmes qui ont pour base cette idée que le droit de propriété est d'institution sociale, aboutissent tous ou au privilége le plus concentré ou au communisme le plus intégral, selon les mauvaises ou les bonnes intentions de l'inventeur. S'il a des desseins sinistres, il se servira de la loi pour enrichir quelques-uns aux dépens de tous. S'il obéit à des sentiments philanthropiques, il voudra égaliser le bien-être, et, pour cela, il pensera à stipuler en faveur de chacun une participation légale et uniforme aux produits créés. Reste à savoir si, dans cette donnée, la création des produits est possible.

A cet égard, le Luxembourg nous a donné récemment un spectacle fort extraordinaire. N'a-t-on pas entendu, en plein dix-neuvième siècle, quelques jours après la révolution de Février, faite au nom de la liberté, un homme, plus qu'un ministre, un membre du gouvernement provisoire, un fonctionnaire revêtu d'une autorité révolutionnaire et illimitée, demander froidement si, dans la répartition des salaires, il était bon d'avoir égard à la force, au talent, à l'activité, à l'habileté de l'ouvrier, c'est-à-dire à la richesse produite; ou bien si, ne tenant aucun compte de ces vertus personnelles, ni de leur effet utile, il ne vaudrait pas mieux donner à tous désormais une rémunération uniforme? Question qui revient à celle-ci : un mètre de drap porté sur le marché par un paresseux se vendra-t-il pour le même prix que deux mètres offerts par un homme laborieux? Et, chose qui passe toute croyance, cet homme a proclamé qu'il préférait l'uniformité des profits, quel que fût le travail offert en vente, et il a décidé ainsi, dans sa sagesse, que quoique *deux* soient *deux* par nature, ils ne seraient plus *qu'un* de par la *loi.*

Voilà où l'on arrive quand on part de ce point que la loi est plus forte que la nature.

L'auditoire, à ce qu'il paraît, a compris que la constitution même de l'homme se révoltait contre un tel arbitraire; que jamais on ne ferait qu'un mètre de drap donnât droit à la même rémunération que deux mètres. Que s'il en était ainsi, la concurrence qu'on veut anéantir serait remplacée par une autre concurrence mille fois plus funeste ; que chacun ferait à qui travaillerait moins, à qui déploierait la moindre activité, puisque aussi bien, de par la loi, la récompense serait toujours garantie et égale pour tous.

Mais le citoyen Blanc avait prévu l'objection, et, pour prévenir ce doux *far-niente*, hélas ! si naturel à l'homme, quand le travail n'est pas rémunéré, il a imaginé de faire dresser dans chaque commune un *poteau* où seraient inscrits les noms des paresseux. Mais il n'a pas dit s'il y aurait des inquisiteurs pour découvrir le péché de paresse, des tribunaux pour le juger, et des gendarmes pour exécuter la sentence. Il est à remarquer que les utopistes ne se préoccupent jamais de l'immense machine gouvernementale, qui peut seule mettre en mouvement leur mécanique légale.

Comme les délégués du Luxembourg se montraient quelque peu incrédules, est apparu le citoyen Vidal, secrétaire du citoyen Blanc, qui a achevé la pensée du maître. A l'exemple de Rousseau, le citoyen Vidal ne se propose rien moins que de changer la nature de l'homme et les lois de la Providence.

Il a plu à la Providence de placer dans l'individu les *besoins* et leurs conséquences, les *facultés* et leurs conséquences, créant ainsi l'*intérêt*

personnel, autrement dit l'instinct de la conser-
vation et l'amour du développement comme
le grand ressort de l'humanité. M. Vidal va changer tout cela. Il a regardé l'œuvre de Dieu, et il
a vu qu'elle n'était pas bonne. En conséquence,
partant de ce principe que la loi et le législateur
peuvent tout, il va supprimer, par décret, l'*intérêt personnel*. Il y substitue le *point d'honneur*.
Ce n'est plus pour vivre, faire vivre et élever
leur famille que les hommes travailleront, mais
pour obéir au *point d'honneur*, pour éviter le fa-
tal *poteau*, comme si ce nouveau mobile n'était
pas encore de l'*intérêt personnel* d'une autre espèce.

M. Vidal cite sans cesse ce que le point d'honneur fait faire aux armées. Mais, hélas ! il faut
tout dire, et si l'on veut enrégimenter les travailleurs, qu'on nous dise donc si le Code militaire, avec ses trente cas de peine de mort, de-
viendra le Code des ouvriers.

Un effet plus frappant encore du principe funeste que je m'efforce ici de combattre, c'est
l'incertitude qu'il tient toujours suspendue,
comme l'épée de Damoclès, sur le travail, le
capital, le commerce et l'industrie ; et ceci est
si grave que j'ose réclamer toute l'attention du
lecteur.

Dans un pays, comme aux États-Unis, où l'on

place le droit de Propriété au-dessus de la Loi, où la force publique n'a pour mission que de faire respecter ce droit naturel, chacun peut en toute confiance consacrer à la production son capital et ses bras. Il n'a pas à craindre que ses plans et ses combinaisons soient d'un instant à l'autre bouleversés par la puissance législative.

Mais quand, au contraire, posant en principe que ce n'est pas le travail, mais la Loi qui est le fondement de la Propriété, on admet tous les faiseurs d'utopies à imposer leurs combinaisons d'une manière générale et par l'autorité des décrets, qui ne voit qu'on tourne contre le progrès industriel tout ce que la nature a mis de prévoyance et de prudence dans le cœur de l'homme?

Quel est en ce moment le hardi spéculateur qui oserait monter une usine ou se livrer à une entreprise? Hier on décrète qu'il ne sera permis de travailler que pendant un nombre d'heures déterminé. Aujourd'hui on décrète que le salaire de tel genre de travail sera fixé; qui peut prévoir le décret de demain, celui d'après-demain, ceux des jours suivants? Une fois que le législateur se place à cette distance incommensurable des autres hommes; qu'il croit, en toute conscience, pouvoir disposer de leur temps, de leur travail, de leurs transactions, toutes choses qui sont des *Propriétés*, quel homme, sur la surface du pays, a la moindre connaissance de la position forcée où la Loi le placera demain, lui et sa profession? Et, dans de telles conditions, qui peut et veut rien entreprendre?

Je ne nie certes pas que, parmi les innombrables systèmes que ce faux principe fait éclore, un grand nombre, le plus grand nombre même ne partent d'intentions bienveillantes et généreuses. Mais ce qui est redoutable, c'est le principe lui-même. Le but manifeste de chaque combinaison particulière est d'égaliser le bien-être. Mais l'effet plus manifeste encore du principe sur lequel ces combinaisons sont fondées, c'est d'égaliser la misère ; je ne dis pas assez ; c'est de faire descendre aux rangs des misérables les familles aisées, et de décimer par la maladie et l'inanition les familles pauvres.

J'avoue que je suis effrayé pour l'avenir de mon pays, quand je songe à la gravité des difficultés financières que ce dangereux principe vient aggraver encore.

Au 24 février, nous avons trouvé un budget qui dépasse les proportions auxquelles la France peut raisonnablement atteindre; et, en outre, selon le ministre actuel des finances, pour près d'un milliard de dettes immédiatement exigibles.

A partir de cette situation, déjà si alarmante, les dépenses ont été toujours grandissant, et les recettes diminuant sans cesse.

Ce n'est pas tout. On a jeté au public, avec une prodigalité sans mesure, deux sortes de promesses. Selon les unes, on va le mettre en possession d'une foule innombrable d'institutions bienfaisantes, mais coûteuses. Selon les autres, on va dégrever tous les impôts. Ainsi, d'une part, on va multiplier les crèches, les salles d'asile, les écoles primaires, les écoles secondaires gratuites, les ateliers de travail, les pensions de retraite de l'industrie. On va indemniser les propriétaires d'esclaves, dédommager les esclaves eux-mêmes; l'État va fonder des institutions de crédit; prêter aux travailleurs des instruments de travail; il double l'armée, réorganise la marine, etc., etc., et d'autre part, il supprime l'impôt du sel, l'octroi et toutes les contributions les plus impopulaires.

Certes, quelque idée qu'on se fasse des ressources de la France, on admettra du moins qu'il faut que ces ressources se développent pour faire face à cette double entreprise si gigantesque, et, en apparence, si contradictoire.

Mais voici qu'au milieu de ce mouvement

extraordinaire , et qu'on pourrait considérer comme au-dessus des forces humaines, même alors que toutes les énergies du pays seraient dirigées vers le travail productif, un cri s'élève : *Le droit de propriété est une création de la loi.* En conséquence, le législateur peut rendre à chaque instant, et selon les théories systématiques dont il est imbu, des décrets qui bouleversent toutes les combinaisons de l'industrie. Le travailleur n'est pas propriétaire d'une chose ou d'une valeur parce qu'il l'a créée par le travail, mais parce que la loi d'aujourd'hui la lui garantit. La loi de demain peut retirer cette garantie, et alors la propriété n'est plus légitime.

Je le demande, que doit-il arriver? C'est que le capital et le travail s'épouvantent ; c'est qu'ils ne puissent plus compter sur l'avenir. Le capital, sous le coup d'une telle doctrine, se cachera, désertera, s'anéantira. Et que deviendront alors les ouvriers, ces ouvriers pour qui vous professez une affection si vive, si sincère, mais si peu éclairée ? Seront-ils mieux nourris quand la production agricole sera arrêtée ? Seront-ils mieux vêtus quand nul n'osera fonder une fabrique ? Seront-ils plus occupés quand les capitaux auront disparu ?

Et l'impôt, d'où le tirerez-vous ? Et les finances, comment se rétabliront-elles ? Comment payerez-vous l'armée ? Comment acquitterez-vous vos dettes ? Avec quel argent prêterez-vous les instruments du travail ? Avec quelles ressources soutiendrez-vous ces institutions charitables, si faciles à décréter ?

Je me hâte d'abandonner ces tristes considérations. Il me reste à examiner, dans ses conséquences, le principe opposé à celui qui prévaut aujourd'hui, le principe économiste, le principe qui fait remonter au travail, et non à la loi, le droit de propriété, le principe qui dit : la Propriété existe avant la Loi ; la loi n'a pour mission que de faire respecter la propriété partout où elle est, partout où elle se forme, de quelque manière que le travailleur la crée, isolément ou par association, pourvu qu'il respecte le droit d'autrui.

D'abord, comme le principe des juristes renferme virtuellement l'esclavage, celui des économistes contient la *liberté*. La propriété, le droit de jouir du fruit de son travail, le droit de travailler, de se développer, d'exercer ses facultés, comme on l'entend, sans que l'Etat intervienne autrement que par son action protectrice, c'est la liberté. — Et je ne puis encore comprendre pourquoi les nombreux partisans des systèmes opposés laissent subsister sur le drapeau de la

République le mot *liberté*. On dit que quelques-uns d'entre eux l'ont effacé pour y substituer le mot *solidarité*. Ceux-là sont plus francs et plus conséquents. Seulement, ils auraient dû dire *communisme*, et non *solidarité*, car la solidarité des intérêts, comme la propriété, existe en dehors de la loi.

Il implique encore l'*unité*. Nous l'avons déjà vu. Si le législateur crée le droit de propriété, il y a pour la propriété autant de manières d'être qu'il peut y avoir d'erreurs dans les têtes d'utopistes, c'est-à-dire l'infini. Si, au contraire, le droit de propriété est un fait providentiel, antérieur à toute législation humaine, et que la législation humaine a pour but de faire respecter, il n'y a place pour aucun autre système.

C'est encore la *sécurité*, et ceci est de toute évidence : qu'il soit bien reconnu, au sein d'un peuple, que chacun doit pourvoir à ses moyens d'existence, mais aussi que chacun a aux fruits de son travail un droit antérieur et supérieur à la loi ; que la loi humaine n'a été nécessaire et n'est intervenue que pour garantir à tous la liberté du travail et la propriété de ses fruits, il est bien évident qu'un avenir de sécurité complète s'ouvre devant l'activité humaine. Elle n'a plus à craindre que la puissance législative vienne, décret sur décret, arrêter ses efforts, déranger ses combinaisons, dérouter sa prévoyance. A l'abri de cette sécurité, les capitaux se formeront rapidement. L'accroissement rapide des capitaux, de son côté, est la raison unique de l'accroissement dans la valeur du travail. Les classes ouvrières seront donc dans l'aisance ; elles-mêmes concourront à former de nouveaux capitaux. Elles seront plus en mesure de s'affranchir du salariat, de s'associer aux entreprises, d'en fonder pour leur compte, de reconquérir leur dignité.

Enfin, le principe éternel que l'Etat ne doit pas être producteur, mais procurer la sécurité aux producteurs, entraîne nécessairement l'économie et l'ordre dans les finances publiques; par conséquent, seul il rend possible la bonne assiette et la juste répartition de l'impôt.

En effet, l'Etat, ne l'oublions jamais, n'a pas de ressources qui lui soient propres. Il n'a rien il ne possède rien qu'il ne le prenne aux travailleurs. Lors donc qu'il s'ingère de tout, il substitue la triste et coûteuse activité de ses agents à l'activité privée. Si, comme aux État-Unis, on en venait à reconnaître que la mission de l'Etat est de procurer à tous une complète *sécurité*, cette mission, il pourrait la remplir avec quelques centaines de millions. Grâce à cette économie, combinée avec la prospérité industrielle, il serait enfin possible d'établir l'impôt direct, unique, frappant exclusivement la *propriété réalisée* de toute nature.

Mais pour cela, il faut attendre que des expériences, peut-être cruelles, aient diminué quelque peu notre foi dans l'Etat et augmenté notre foi dans l'Humanité.

Je terminerai par quelques mots sur l'Association du *libre échange*. On lui a beaucoup reproché ce titre. Ses adversaires se sont réjouis, ses partisans se sont affligés de ce que les uns et les autres considéraient comme un faute.

« Pourquoi semer ainsi l'alarme ? disaient ces derniers. Pourquoi inscrire sur votre drapeau un *principe*? Pourquoi ne pas vous borner à réclamer dans le tarif des douanes ces modifications sages et prudentes que le temps a rendues nécessaires, et dont l'expérience a constaté l'opportunité ? »

Pourquoi? parce que, à mes yeux du moins, jamais le libre échange n'a été une question de douane et de tarif, mais une question de droit, de justice, d'ordre public, de Propriété. Parce que le privilége, sous quelque forme qu'il se manifeste, implique la négation ou le mépris de la propriété ; parce que l'intervention de l'Etat pour niveler les fortunes, pour grossir la part des uns aux dépens des autres, c'est ·du *communisme*, comme une goutte d'eau est aussi bien de l'eau que l'Océan tout entier; parce que je prévoyais que le principe de la propriété une fois ébranlé sous une forme, ne tarderait pas être attaqué sous mille formes diverses; parce que je n'avais pas quitté ma solitude pour poursuivre une modification partielle de tarifs qui aurait impliqué mon adhésion à cette fausse notion que *la loi est antérieure à la propriété*, mais pour voler au secours du principe opposé, compromis par le régime protecteur; parce que j'étais convaincu que les propriétaires fonciers et les capitalistes avaient eux-mêmes déposé dans le tarif le germe de ce *communisme* qui les effraye maintenant, puisqu'ils demandaient *à la loi* des suppléments de profits au préjudice des classes ouvrières. Je voyais bien que ces classes ne tarderaient pas à réclamer aussi, en vertu de l'égalité, le bénéfice de *la loi appliquée à niveler le bien-être*, ce qui est le *communisme*.

Qu'on lise le premier acte émané de notre Association, le programme rédigé dans une séance préparatoire, le 10 mai 1846, on se convaincra que ce fut là notre pensée dominante :

« L'Échange est un droit naturel comme la Propriété. Tout citoyen qui a créé ou acquis un produit doit avoir l'option ou de l'appliquer immédiatement à son usage, ou de le céder à quiconque, sur la surface du globe, consent à lui donner en échange l'objet de ses désirs. Le priver de cette faculté, quand il n'en fait aucun usage contraire à l'ordre public et aux bonnes mœurs, et uniquement pour satisfaire la convenance d'un autre citoyen, c'est légitimer une spoliation, c'est blesser la loi de justice.

« C'est encore violer les conditions de l'ordre, car quel ordre peut exister au sein d'une société où chaque industrie, aidée en cela par la loi et la force publique, cherche ses succès dans l'oppression de toutes les autres ? »

Nous placions tellement la question au-dessus des tarifs, que nous ajoutions :

« Les soussignés ne contestent pas à la société le droit d'établir, sur les marchandises qui passent la frontière, des taxes destinées aux dépenses communes, pourvu qu'elles soient déterminées par les besoins du Trésor.

« Mais sitôt que la taxe, perdant son caractère fiscal, a pour but de repousser le produit étranger, au détriment du fisc lui-même, afin d'exhausser artificiellement le prix du produit national similaire, et de rançonner ainsi la communauté au profit d'une classe, dès ce moment la Protection, ou plutôt la Spoliation se manifeste, et c'est la le principe que l'Association aspire à ruiner dans les esprits et à effacer complétement de nos lois. »

Certes, si nous n'avions poursuivi qu'une modification immédiate des tarifs, si nous avions été, comme on l'a prétendu, les agents de quelques intérêts commerciaux, nous nous serions bien gardés d'inscrire sur notre drapeau un mot qui implique un principe. Croit-on que je n'aie pas pressenti les obstacles que nous susciterait cette déclaration de guerre à l'injustice ? Ne savais-je pas très-bien qu'en louvoyant, en cachant le but, en voilant la moitié de notre pensée, nous arriverions plus tôt à telle ou telle concession partielle ? Mais en quoi ces triomphes, d'ailleurs éphémères, eussent-ils dégagé et sauvegardé le grand principe de la Propriété, que nous aurions nous-mêmes tenu dans l'ombre et mis hors de cause ?

Je le répète, nous demandions l'abolition du régime dit protecteur, non comme une bonne mesure gouvernementale, mais comme une justice, comme la réalisation de la liberté, comme la conséquence rigoureuse d'un droit supérieur à la loi. Ce que nous voulions au fond, nous ne devions pas le dissimuler dans la forme.

Le temps approche où l'on reconnaîtra que nous avons eu raison de ne pas consentir à mettre dans le titre de notre Association un leurre, un piége, une surprise, une équivoque, mais la franche expression d'un principe éternel d'ordre et de justice, car il n'y a de puissance que dans les principes ; eux seuls sont le flambeau des intelligences, le point de ralliement des convictions égarées.

Dans ces derniers temps un tressaillement uni-versel a parcouru, comme un frisson d'effroi, la France tout entière. Au seul mot de *communisme*, toutes les existences se sont alarmées. En voyant se produire au grand jour et presque officielle-ment les systèmes les plus étranges, en voyant se succéder des décrets subversifs qui peuvent être suivis de décrets plus subversifs encore, chacun s'est demandé dans quelle voie nous marchions. Les capitaux se sont effrayés, le crédit a fui, le travail a été suspendu, la scie et le marteau se sont arrêtés au milieu de leur œuvre, comme si un funeste et universel courant électrique eût paralysé tout à coup les intelligences et les bras. Et pourquoi ? Parce que le principe de la pro-priété, déjà compromis essentiellement par le régime protecteur, a éprouvé de nouvelles se-cousses, conséquences de la première ; parce que l'intervention de la Loi en matière d'indus-trie, et *comme moyen de pondérer les valeurs et d'équilibrer les richesses*, intervention dont le ré-gime protecteur a été la première manifestation, menace de se manifester sous mille formes con-nues ou inconnues. Oui, je le dis hautement, ce sont les propriétaires fonciers, ceux que l'on considère comme les propriétaires par excel-lence, qui ont ébranlé le principe de la propriété, puisqu'ils en ont appelé *à la loi* pour donner à leurs terres et à leurs produits une valeur factice. Ce sont les capitalistes qui ont suggéré l'idée du nivellement des fortunes *par la loi*. Le *protectionnisme* a été l'avant-coureur du *communisme*; je dis plus, il a été sa première manifestation. Car, que demandent aujourd'hui les classes souffrantes? Elles ne demandent pas autre chose que ce qu'ont demandé et obtenu les capitalistes et les propriétaires fonciers. Elles demandent l'*intervention de la loi* pour équilibrer, pondérer, égaliser la richesse. Ce qu'ils ont fait par la douane, elles veulent le faire par d'autres institutions; mais le principe est toujours le même, *prendre législativement aux uns pour donner aux autres*; et certes, puisque c'est vous, propriétaires et capitalistes, qui avez fait admettre ce funeste principe, ne vous récriez donc pas si de plus malheureux que vous en réclament le bénéfice. Ils y ont au moins un titre que vous n'aviez pas.

Mais on ouvre les yeux enfin, on voit vers quel abîme nous pousse cette première atteinte portée aux conditions essentielles de toute sécurité sociale. N'est-ce pas une terrible leçon, une preuve sensible de cet enchaînement de causes et d'effets par lequel apparaît à la longue la justice des rétributions providentielles, que de voir aujourd'hui les riches s'épouvanter devant l'envahissement d'une fausse doctrine dont ils ont eux-mêmes posé les bases iniques, et dont ils croyaient faire paisiblement tourner les conséquences à leur seul profit? Oui, prohibitionnistes, vous avez été les promoteurs du communisme. Oui, propriétaires, vous avez détruit dans les esprits la vraie notion de la Propriété. Cette notion, c'est l'Economie politique qui la donne, et vous avez proscrit l'Economie politique, parce que, au nom du droit de propriété, elle combattait vos injustes priviléges.— Et quand elles ont saisi le pouvoir, quelle a été aussi la première pensée de ces écoles modernes qui vous effrayent? C'est de supprimer l'Economie politique, car la science économique, c'est une protestation perpétuelle contre ce *nivellement légal* que vous avez recherché et que d'autres recherchent aujourd'hui à votre exemple. Vous avez demandé à la Loi autre chose et plus qu'il ne faut demander à la Loi, autre chose et plus que la Loi ne peut donner. Vous lui avez demandé, non la sécurité (c'eût été votre droit), mais la *plus-value* de ce qui nous appartient, ce qui ne pouvait vous être accordé sans porter atteinte aux droits d'autrui. Et maintenant, la folie de vos prétentions est devenue la folie universelle.—Et si vous voulez conjurer l'orage qui menace de vous engloutir, il ne vous reste qu'une ressource. Reconnaissez votre erreur ; renoncez à vos priviléges ; faites rentrer la Loi dans ses attributions, renfermez le Législateur dans son rôle. Vous nous avez délaissés, vous nous avez attaqués, parce que vous ne nous compreniez pas sans doute. A l'aspect de l'abîme que vous avez ouvert de vos propres mains, hâtez-vous de vous rallier à nous dans notre propagande en faveur du droit de propriété, en donnant, je le répète, à ce mot sa signification la plus large, en y comprenant et les facultés de l'homme et tout ce qu'elles parviennent à produire, qu'il s'agisse de travail ou d'échanges.

La doctrine que nous défendons ici excite une certaine défiance, à raison de son extrême simplicité ; elle se borne à demander à la loi sécurité pour tous. On a de la peine à croire que le mécanisme gouvernemental puisse être réduit à ces proportions. De plus, comme cette doctrine renferme la *Loi* dans les limites de la *Justice universelle*, on lui reproche d'exclure la Fraternité. L'Economie politique n'accepte pas l'accusation. Ce sera l'objet d'un prochain article.

JUSTICE ET FRATERNITÉ.

L'École économiste est en opposition sur une foule de points avec les nombreuses Écoles socialistes qui se disent plus *avancées*, et qui sont, j'en conviens volontiers, plus actives et plus populaires. Nous avons pour adversaires (je ne veux pas dire pour détracteurs) les communistes, les fouriéristes, les owénistes, Cabet, L. Blanc, Proudhon, P. Leroux, et bien d'autres.

Ce qu'il y a de singulier, c'est que ces écoles diffèrent entre elles au moins autant qu'elles diffèrent de nous. Il faut donc, d'abord, qu'elles admettent un principe commun à toutes, que nous n'admettons pas; ensuite, que ce principe se prête à l'infinie diversité que nous voyons entre elles.

Je crois que ce qui nous sépare radicalement, c'est ceci :

L'Économie politique conclut à ne demander A LA LOI que la Justice universelle.

Le Socialisme, dans ses branches diverses, et par des applications dont le nombre est naturellement indéfini, demande de plus A LA LOI la réalisation du dogme de la Fraternité.

Or, qu'est-il arrivé ? Le Socialisme admet, avec

Rousseau, que l'ordre social tout entier est dans la Loi. On sait que Rousseau faisait reposer la société sur un contrat. Louis Blanc, dès la première page de son livre sur la Révolution, dit : « Le principe de la fraternité est celui qui, regardant comme solidaires les membres de la grande famille, tend à organiser un jour les sociétés, *œuvre de l'homme*, sur le modèle du corps humain, œuvre de Dieu. »

Partant de ce point, que la société est l'*œuvre de l'homme*, l'œuvre de la loi, les socialistes doivent en induire que rien n'existe dans la société, qui n'ait été ordonné et arrangé d'avance par le Législateur.

Donc, voyant l'Economie politique se borner à demander A LA LOI Justice partout et pour tous, Justice universelle, ils ont pensé qu'elle n'admettait pas la Fraternité dans les relations sociales.

Le raisonnement est serré. « Puisque la société est toute dans la loi, disent-ils, et puisque vous ne demandez à la loi que la justice, vous excluez donc la fraternité de la loi, et par conséquent de la société. »

De là ces imputations de rigidité, de froideur, de dureté, de sécheresse, qu'on a accumulées sur la science économique et sur ceux qui la professent.

Mais la majeure est - elle admissible ? Est-il vrai que toute la société soit renfermée dans la loi ? On voit de suite que si cela n'est pas, toutes ces imputations croulent.

Eh quoi ! dire que la loi positive, qui agit toujours avec autorité, par voie de contrainte, appuyée sur une force coercitive, montrant pour sanction la baïonnette ou le cachot, aboutissant à une clause pénale, dire que la loi qui ne décrète ni l'affection, ni l'amitié, ni l'amour, ni l'abnégation, ni le dévouement, ni le sacrifice, ne peut davantage décréter ce qui les résume, la Fraternité, est-ce donc anéantir ou nier ces nobles attributs de notre nature ? Non certes ; c'est dire seulement que la société est plus vaste que la loi ; qu'un grand nombre d'actes s'accomplissent, qu'une foule de sentiments se meuvent en dehors et au-dessus de la loi.

Quant à moi, au nom de la science, je proteste de toutes mes forces contre cette interprétation misérable, selon laquelle, parce que nous reconnaissons à la loi une limite, on nous accuse de nier tout ce qui est au delà de cette limite. Ah ! qu'on veuille le croire, nous aussi, nous saluons avec transport ce mot Fraternité, tombé il y a dix-huit siècles du haut de la montagne sainte et inscrit pour toujours sur notre drapeau républicain. Nous aussi nous désirons voir les individus, les familles, les nations s'associer, s'entr'aider, s'entre-secourir dans le pénible voyage de la vie mortelle. Nous aussi nous sentons battre notre cœur et couler nos larmes au récit des actions généreuses, soit qu'elles brillent dans la vie des simples citoyens, soit qu'elles rapprochent et confondent les classes diverses, soit surtout qu'elles précipitent les peuples prédestinés aux avant-postes du progrès et de la civilisation.

Et nous réduira-t-on à parler de nous-mêmes? Eh bien! qu'on scrute nos actes. Certes, nous voulons bien admettre que ces nombreux publicistes qui, de nos jours, veulent étouffer dans le cœur de l'homme jusqu'au sentiment de l'intérêt, qui se montrent si impitoyables envers ce qu'ils appellent l'individualisme, dont la bouche se remplit incessamment des mots dévouement, sacrifice, fraternité ; nous voulons bien admettre qu'ils obéissent exclusivement à ces sublimes mobiles qu'ils conseillent aux autres, qu'ils donnent des exemples aussi bien que des conseils, qu'ils ont eu soin de mettre leur conduite en harmonie avec leurs doctrines; nous voulons bien les croire, sur leur parole, pleins de désintéressement et de charité ; mais enfin, il nous sera permis de dire que sous ce rapport nous ne redoutons pas la comparaison.

Chacun de ces Décius a un plan qui doit réaliser le bonheur de l'humanité, et tous ont l'air de dire que si nous les combattons, c'est parce que nous craignons ou pour notre fortune, ou pour d'autres avantages sociaux. Non ; nous les combattons, parce que nous tenons leurs idées pour fausses, leurs projets pour aussi puérils que désastreux. Que s'il nous était démontré qu'on peut faire descendre à jamais le bonheur sur la terre par une organisation factice, ou en décrétant la fraternité, il en est parmi nous qui, quoique économistes, signeraient avec joie ce décret de la dernière goutte de leur sang.

Mais il ne nous est pas démontré que la fraternité se puisse imposer. Si même, partout où elle se manifeste, elle excite si vivement notre sympathie, c'est parce qu'elle agit en dehors de toute contrainte légale. La fraternité est spontanée, ou n'est pas. La décréter, c'est l'anéantir. La loi peut bien *forcer* l'homme à rester juste ; vainement elle essayerait de le *forcer* à être dévoué.

Ce n'est pas moi, du reste, qui ai inventé cette distinction. Ainsi que je le disais tout à l'heure, il y a dix-huit siècles, ces paroles sortirent de la bouche du divin fondateur de notre religion :

« *La loi vous dit : Ne faites pas aux autres ce que vous ne voudriez pas qu'il vous fût fait.*

« *Et moi, je vous dis : Faites aux autres ce que vous voudriez que les autres fissent pour vous.* »

Je crois que ces paroles fixent la limite qui sépare la Justice de la Fraternité. Je crois qu'elles tracent en outre une ligne de démarcation, je ne dirai pas absolue et infranchissable, mais théorique et rationnelle, entre le domaine circonscrit de la loi, et la région sans borne de la spontanéité humaine.

Quand un grand nombre de familles, qui toutes, pour vivre, se développer et se perfectionner, ont besoin de travailler, soit isolément, soit par association, mettent en commun une partie de leurs forces, que peuvent-elles demander à cette force commune, si ce n'est la protection de toutes les personnes, de tous les travaux, de toutes les propriétés, de tous les droits, de tous les intérêts? Et cela, qu'est-ce autre chose que la Justice universelle? Évidemment le droit de chacun a pour limite le droit absolument semblable de tous les autres. La loi ne peut donc faire autre chose que reconnaître cette limite et la faire respecter. Si elle permettait à quelques-uns de la franchir, ce serait au détriment de quelques autres. La loi serait injuste. Elle le serait bien plus encore si, au lieu de tolérer cet empiétement, elle l'ordonnait.

Qu'il s'agisse, par exemple, de propriété : le principe est que ce que chacun a fait par son travail lui appartient, encore que ce travail ait été comparativement plus ou moins habile, persévérant, heureux, et par suite plus ou moins productif ; que si deux travailleurs veulent unir leurs forces, pour partager le produit suivant des proportions convenues, ou échanger entre eux leurs produits, ou si l'un veut faire à l'autre un prêt ou un don, qu'est-ce que la loi a à faire ? Rien, ce me semble, si ce n'est exiger l'exécution des conventions, empêcher ou punir le dol, la violence et la fraude.

Cela veut-il dire qu'elle interdira les actes de dévouement et de générosité ? Qui pourrait avoir une telle pensée ? Mais ira-t-elle jusqu'à les ordonner ? Voilà précisément le point qui divise les écononomistes et les socialistes.

Si les socialistes veulent dire que pour des circonstances extraordinaires, pour des cas urgents, l'Etat doit préparer quelques ressources, secourir certaines infortunes, ménager certaines transitions, mon Dieu, nous serons d'accord ; cela s'est fait ; nous désirons que cela se fasse mieux. Il est cependant un point, dans cette voie, qu'il ne faut pas dépasser, c'est celui où la prévoyance gouvernementale viendrait anéantir la prévoyance individuelle en s'y substituant. Il est de toute évidence que la charité organisée ferait en ce cas beaucoup plus de mal permanent que de bien passager.

Mais il ne s'agit pas ici de mesures exception-
nelles. Ce que nous recherchons , c'est ceci : la
Loi, considérée au point de vue général et théorique, a-t-elle pour mission de constater et faire
respecter la limite des droits réciproques *préexistants*, ou bien, de faire directement le bonheur
des hommes, en provoquant des actes de dévouement, d'abnégation et de sacrifices mutuels?

Ce qui me frappe dans ce dernier système (et
c'est pour cela que dans cet écrit fait à la hâte
j'y reviendrai souvent), c'est l'incertitude qu'il
fait planer sur l'activité humaine et ses résultats,
c'est l'inconnu devant lequel il place la société,
inconnu qui est de nature à paralyser toutes ses
forces.

La Justice, on sait ce qu'elle est, où elle est.
C'est un point fixe, immuable. Que la loi la prenne
pour guide, chacun sait à quoi s'en tenir, et s'ar-
range en conséquence.

Mais la Fraternité, où est son point déterminé? quelle est sa limite? quelle est sa forme?
Evidemment c'est l'infini. La fraternité, en dé-
finitive, consiste à faire un sacrifice pour autrui,
à *travailler* pour autrui. Quand elle est libre,
spontanée, volontaire, je la conçois, et j'y ap-
plaudis. J'admire d'autant plus le sacrifice qu'il
est plus entier. Mais quand on pose au sein d'une
société ce principe, que la Fraternité sera impo-

sée par la loi, c'est-à-dire, en bon français, que
la répartition des fruits du travail sera faite législativement, sans égard pour les droits du travail lui-même, qui peut dire dans quelle mesure
ce principe agira, de quelle forme un caprice du
législateur peut le revêtir, dans quelles institutions un décret peut du soir au lendemain l'in-
carner? Or, je demande si, à ces conditions, une
société peut exister?

Remarquez que le Sacrifice, de sa nature, n'est
pas, comme la Justice, une chose qui ait une limite. Il peut s'étendre depuis le don de l'obole
jetée dans la sébille du mendiant jusqu'au don
de la vie, *usque ad mortem, mortem autem crucis.*
L'Evangile qui a enseigné la Fraternité aux hommes, l'a expliquée par ses conseils. Il nous a dit :
« Lorsqu'on vous frappera sur la joue droite,
présentez la joue gauche. Si quelqu'un veut vous
prendre votre veste, donnez-lui encore votre
manteau. » Il a fait plus que de nous expliquer
la fraternité, il nous en a donné le plus complet,
le plus touchant et le plus sublime exemple au
sommet du Golgotha.

Eh bien! dira-t-on que la Législation doit pousser jusque-là la réalisation, par mesure admi-
nistrative, du dogme de la Fraternité? Ou bien,
s'arrêtera-t-elle en chemin? Mais à quel degré
s'arrêtera-t-elle, et selon quelle règle? Cela dé-

pendra aujourd'hui d'un scrutin, demain d'un atr e.

Même incertitude quant à la forme. Il s'agit d'imposer des sacrifices à quelques-uns pour tous ou à tous pour quelques-uns? Qui peut me dire comment s'y prendra la loi? car on ne peut nier que le nombre des formules fraternitaires ne soit indéfini. Il n'y a pas de jour où il ne m'en arrive cinq ou six par la poste, et toutes, remarquez-le bien, complétement différentes. En vérité, n'est-ce pas folie de croire qu'une nation peut goûter quelque repos moral et quelque prospérité matérielle, quand il est admis en principe que du soir au lendemain le législateur peut la jeter tout entière dans l'un des cent mille moules fraternitaires qu'il aura momentanément préféré?

Qu'il me soit permis de mettre en présence, dans leurs conséquences les plus saillantes, le système économiste et le système socialiste.

Supposons d'abord une nation qui adopte pour base de sa législation la Justice, la Justice universelle.

Supposons que les citoyens disent au gouvernement : « Nous prenons sur nous la responsabilité de notre propre existence; nous nous chargeons de notre travail, de nos transactions, de notre instruction, de nos progrès, de notre culte;

pour vous, votre seule mission sera de nous con-
tenir tous et sous tous les rapports dans les limites de nos droits. »

Vraiment, on a essayé tant de choses, je vou-
drais que la fantaisie prît un jour à mon pays,
ou à un pays quelconque sur la surface du globe,
d'essayer au moins celle-là. Certes, le mécanisme, on ne le niera pas, est d'une simplicité
merveilleuse. Chacun exerce tous ses droits
comme il l'entend, pourvu qu'il n'empiète pas
sur les droits d'autrui. L'épreuve serait d'autant
plus intéressante, qu'en point de fait, les peuples
qui se rapprochent le plus de ce système sur-
passent tous les autres en sécurité, en prospérité,
en égalité et en dignité. Oui, s'il me reste dix
ans de vie, j'en donnerais volontiers neuf pour
assister pendant un an à une telle expérience
faite dans ma patrie. — Car, voici, ce me semble, ce dont je serais l'heureux témoin.

En premier lieu, chacun serait fixé sur son
avenir, en tant qu'il peut être affecté par la loi.
Ainsi que je l'ai fait remarquer, la justice exacte
est une chose tellement déterminée, que la législation qui n'aurait qu'elle en vue serait à peu
près immuable. Elle ne pourrait varier que sur
les moyens d'atteindre de plus en plus ce but
unique : faire respecter les personnes et leurs
droits. Ainsi, chacun pourrait se livrer à toutes

sortes d'entreprises honnêtes sans crainte et sans incertitude. Toutes les carrières seraient ouvertes à tous ; chacun pourrait exercer ses facultés librement selon qu'il serait déterminé par son intérêt, son penchant, son aptitude, ou les circonstances ; il n'y aurait ni priviléges, ni monopoles, ni restrictions d'aucune sorte.

Ensuite, toutes les forces du gouvernement étant appliquées à prévenir et réprimer les dols, les fraudes, les délits, les crimes, les violences, il est à croire qu'elles atteindraient d'autant mieux ce but qu'elles ne seraient pas disséminées, comme aujourd'hui, sur une foule innombrable d'objets étrangers à leurs attributions essentielles. Nos adversaires eux-mêmes ne nieront pas que prévenir et réprimer l'injustice ne soit la mission principale de l'Etat. Pourquoi donc cet art précieux de la prévention et de la répression a-t-il fait si peu de progrès chez nous? Parce que l'Etat le néglige pour les mille autres fonctions dont on l'a chargé. Aussi la Sécurité n'est pas, il s'en faut de beaucoup, le trait distinctif de la société française. Elle serait complète sous le régime dont je me suis fait, pour le moment, l'analyste ; sécurité dans l'avenir, puisque aucune utopie ne pourrait s'imposer en empruntant la force publique ; sécurité dans le présent, puisque cette force serait exclusivement consacrée à combattre et anéantir l'injustice.

Ici, il faut bien que je dise un mot des conséquences qu'engendre la Sécurité. Voilà donc la Propriété sous ses formes diverses, foncière, mobilière, industrielle, intellectuelle, manuelle, complétement garantie. La voilà à l'abri des atteintes des malfaiteurs et, qui plus est, des atteintes de la Loi. Quelle que soit la nature des services que les travailleurs rendent à la société ou se rendent entre eux, ou échangent au dehors, ces services auront toujours leur *valeur naturelle*. Cette valeur sera bien encore affectée par les événements, mais au moins elle ne pourra jamais l'être par les caprices de la loi, par les exigences de l'impôt, par les intrigues, les prétentions et les influences parlementaires. Le prix des choses et du travail subira donc le minimum possible de fluctuation, et sous l'ensemble de toutes ces conditions réunies, il n'est pas possible que l'industrie ne se développe, que les richesses ne s'accroissent, que les capitaux ne s'accumulent avec une prodigieuse rapidité.

Or, quand les capitaux se multiplient, ils se font concurrence entre eux ; leur rémunération diminue, ou, en d'autres termes, l'intérêt baisse. Il pèse de moins en moins sur le prix des produits. La part proportionnelle du capital dans l'œuvre commune va décroissant sans cesse. Cet agent du travail plus répandu devient à la portée d'un plus grand nombre d'hommes. Le prix des objets de consommation est soulagé de toute la part que le capital prélève en moins ; la vie est à bon marché, et c'est une première condition essentielle pour l'affranchissement des classes ouvrières.

En même temps, et par un effet de la même cause (l'accroissement rapide du capital), les salaires haussent de toute nécessité. Les capitaux, en effet, ne rendent absolument rien qu'à la condition d'être mis en œuvre. Plus ce fonds des salaires est grand et occupé, relativement à un nombre déterminé d'ouvriers, plus le salaire hausse.

Ainsi, le résultat nécessaire de ce régime de justice exacte, et par conséquent de liberté et de sécurité, c'est de relever les classes souffrantes de deux manières, d'abord en leur donnant la vie à bon marché, ensuite en élevant le taux des salaires.

Il n'est pas possible que le sort des ouvriers soit ainsi naturellement et doublement amélioré, sans que leur condition morale ne s'élève et ne s'épure. Nous sommes donc dans la voie de l'Egalité. Je ne parle pas seulement de cette égalité devant la loi que le système implique évidemment puisqu'il exclut toute injustice, mais de l'égalité de fait, au physique et au moral, résultant de ce que la rémunération du travail augmente à mesure et par cela même que celle du capital diminue.

Si nous jetons les yeux sur les rapports de ce peuple avec les autres nations, nous trouvons qu'ils sont tous favorables à la paix. Se prémunir contre toute agression, voilà sa seule politique. Il ne menace ni n'est menacé. Il n'a pas de diplomatie et bien moins encore de diplomatie armée. En vertu du principe de Justice universelle, nul citoyen ne pouvant, dans son intérêt, faire intervenir la loi pour empêcher un autre citoyen d'acheter ou de vendre au dehors, les relations commerciales de ce peuple seront libres et très-étendues. Personne ne conteste que ces relations ne contribuent au maintien de la paix. Elles constitueront pour lui un véritable et précieux système de défense qui rendra à peu près inutiles les arsenaux, les places fortes, la marine militaire et les armées permanentes. Ainsi, toutes les forces de ce peuple seront affectées à des travaux productifs, nouvelle cause d'accroissement de capitaux avec toutes les conséquences qui en dérivent.

Il est aisé de voir qu'au sein de ce peuple, le gouvernement est réduit à des proportions fort exiguës, et les rouages administratifs à une grande simplicité. De quoi s'agit-il ? de donner à la force publique la mission unique, de faire régner la justice parmi les citoyens. Or, cela se peut faire à peu de frais et ne coûte aujourd'hui même en France que vingt-six millions. Donc cette nation ne payera pour ainsi dire pas d'impôts. Il est même certain que la civilisation et le progrès tendront à y rendre le gouvernement de plus en plus simple et économique, car plus la justice sera le fruit de bonnes habitudes sociales, plus il sera opportun de réduire la force organisée pour l'imposer.

Quand une nation est écrasée de taxes, rien n'est plus difficile et je pourrais dire impossible que de les répartir également. Les statisticiens et les financiers n'y aspirent plus. Il y a cependant une chose plus impossible encore, c'est de les rejeter sur les riches. L'Etat ne peut avoir beaucoup d'argent qu'en épuisant tout le monde et les masses surtout. Mais dans le régime si simple, auquel je consacre cet inutile plaidoyer, régime qui ne réclame que quelques dizaines de millions, rien n'est plus aisé qu'une répartition équitable. Une contribution unique, proportionnelle à la propriété réalisée, prélevée en famille et sans frais au sein des conseils municipaux, y suffit. Plus de cette fiscalité tenace, de cette bureaucratie dévorante, qui sont la mousse et la vermine du corps social ; plus de ces contributions indirectes, de cet argent arraché par force et par ruse, de ces piéges fiscaux tendus sur toutes les voies du travail, de ces entraves qui nous font plus de mal encore par les libertés qu'elles nous ôtent que par les ressources dont elles nous privent.

Ai-je besoin de montrer que l'ordre serait le résultat infaillible d'un tel régime? D'où pourrait venir le désordre? Ce n'est pas de la misère ; elle serait probablement inconnue dans le pays, au moins à l'état chronique; et si, après tout, il se révélait des souffrances accidentelles et passagères, nul ne songerait à s'en prendre à l'État, au gouvernement, à la loi. Aujourd'hui, qu'on a admis en principe que l'Etat est institué pour distribuer la richesse à tout le monde, il est naturel qu'on lui demande compte de cet engagement. Pour le tenir, il multiplie les taxes, et fait plus de misères qu'il n'en guérit. Nouvelles exigences de la part du public, nouvelles taxes de la part de l'Etat, et nous ne pouvons que marcher de révolution en révolution. Mais s'il était bien entendu que l'Etat ne doit prendre aux travailleurs que ce qui est rigoureusement indispensable pour les garantir contre toute fraude et toute violence, je ne puis apercevoir de quel côté viendrait le désordre.

Il est des personnes qui penseront que, sous un régime aussi simple, aussi facilement réalisable, la société serait bien morne et bien triste. Que deviendrait la grande politique? à quoi serviraient les hommes d'Etat? La représentation nationale elle-même, réduite à perfectionner le Code civil et le Code pénal, ne cesserait-elle pas d'offrir à la curieuse avidité du public le spectacle de ses débats passionnés et de ses luttes dramatiques?

Ce singulier scrupule vient de l'idée que gouvernement et société, c'est une seule et même chose; idée fausse et funeste s'il en fut. Si cette identité existait, simplifier le gouvernement, ce serait en effet amoindrir la société.

Mais est-ce que, par cela seul que la force publique se bornerait à faire régner la justice, cela retrancherait quelque chose à l'initiative des citoyens? Est-ce que leur action est renfermée, même aujourd'hui, dans des limites fixées par la loi? Ne leur serait-il pas loisible, pourvu qu'ils ne s'écartassent pas de la justice, de former des combinaisons infinies, des associations de toute nature, religieuses, charitables, industrielles, agricoles, intellectuelles, et même phalanstériennes et icariennes? N'est-il pas certain, au contraire, que l'abondance des capitaux favoriserait toutes ces entreprises? Seulement, chacun s'y associerait volontairement à ses périls et risques. Ce que l'on veut, par l'intervention de l'Etat, c'est s'y associer aux risques et aux frais du public.

On dira sans doute : « Dans ce régime, nous voyons bien la justice, l'économie, la liberté, la richesse, la paix, l'ordre et l'égalité, mais nous n'y voyons pas la fraternité ! »

Encore une fois, n'y a-t-il dans le cœur de l'homme que ce que le législateur y a mis ? A-t-il fallu, pour que la fraternité fît son apparition sur la terre, qu'elle sortît de l'urne d'un scrutin ? Est-ce que la loi vous interdit la charité par cela seul qu'elle ne vous impose que la justice ? Croit-on que les femmes cesseront d'avoir du dévouement et un cœur accessible à la pitié, parce que le dévouement et la pitié ne leur seront pas ordonnés par le Code ? Et quel est donc l'article du Code qui, arrachant la jeune fille aux caresses de sa mère, la pousse vers ces tristes asiles où s'étalent les plaies hideuses du corps et les plaies plus hideuses encore de l'intelligence ? Quel est l'article du Code qui détermine la vocation du prêtre ? A quelle loi écrite, à quelle intervention gouvernementale faut-il rapporter la fondation du christianisme, le zèle des apôtres, le courage des martyrs, la bienfaisance de Fénelon ou de François de Paule, l'abnégation de tant d'hommes qui, de nos jours, ont exposé mille fois leur vie pour le triomphe de la cause populaire?

Chaque fois que nous jugeons un acte bon et beau, nous voudrions, c'est bien naturel, qu'il se généralisât. Or, voyant au sein de la société une force à qui tout cède, notre première pensée est de la faire concourir à décréter et imposer l'acte dont il s'agit. Mais la question est de savoir si l'on ne déprave pas ainsi et la nature de cette force et la nature de l'acte rendu obligatoire de volontaire qu'il était. Pour ce qui me concerne, il ne peut pas m'entrer dans la tête que la loi, qui est la force, puisse être utilement appliquée à autre chose qu'à réprimer les torts et maintenir les droits.

Je viens de décrire une nation où il en serait ainsi. Supposons maintenant qu'au sein de ce peuple l'opinion prévaille que la loi ne se bornera plus à imposer la justice; qu'elle aspirera encore à imposer la fraternité.

Qu'arrivera-t-il? Je ne serai pas long à le dire, car le lecteur n'a qu'à refaire en le renversant le tableau qui précède.

D'abord, une incertitude effroyable, une insécurité mortelle planera sur tout le domaine de l'activité privée, car la fraternité peut revêtir des milliards de formes inconnues, et par conséquent des milliards de décrets imprévus. D'in-

nombrables projets viendront chaque jour me-
nacer toutes les relations établies. Au nom de la
fraternité, l'un demandera l'*uniformité des salaires*, et voilà les classes laborieuses réduites à
l'état de castes indiennes ; ni l'habileté, ni le
courage, ni l'assiduité, ni l'intelligence ne pourront les relever ; une loi de plomb pèsera sur
elles. Ce monde leur sera comme l'enfer du
Dante : *Lasciate ogni speranza, voi ch'entrate.*—
Au nom de la fraternité, un autre demandera
que le travail soit réduit à dix, à huit, à six, à
quatre heures ; et voilà la production arrêtée.
—Comme il n'y aura plus de pain pour apaiser
la faim, de drap pour garantir du froid, un troi-
sième imaginera de remplacer le pain et le drap
par du *papier-monnaie forcé.* N'est-ce pas avec des
écus que nous achetons ces choses? Multiplier
les écus, dira-t-il, c'est multiplier le pain et le
drap ; multiplier le papier, c'est multiplier les
écus. Concluez. — Un quatrième exigera qu'on
décrète l'abolition de la concurrence ;—un cin-
quième, l'abolition de l'intérêt personnel ;—celui-
ci voudra que l'Etat fournisse du travail ; celui-
là, de l'instruction, et cet autre, des pensions à
tous les citoyens.—En voici un autre qui veut
abattre tous les rois sur la surface du globe, et
décréter, au nom de la fraternité, la guerre universelle. Je m'arrête. Il est bien évident que,

dans cette voie, la source des utopies est inépuisable. Elles seront repoussées, dira-t-on. Soit ; mais il est *possible* qu'elles ne le soient pas, et cela suffit pour créer l'*incertitude*, le plus grand fléau du travail.

Sous ce régime, les capitaux ne pourront se former. Ils seront rares, chers, concentrés. Cela veut dire que les salaires baisseront, et que l'inégalité creusera entre les classes un abîme de plus en plus profond.

Les finances publiques ne tarderont pas d'arriver à un complet désarroi. Comment pourrait-il être autrement quand l'Etat est chargé de fournir tout à tous ? Le peuple sera écrasé d'impôts ; on fera emprunt sur emprunt ; après avoir épuisé le présent, on dévorera l'avenir.

Enfin, comme il sera admis en principe que l'Etat est chargé de faire de la fraternité en faveur des citoyens, on verra le peuple tout entier transformé en solliciteur. Propriété foncière, agriculture, industrie, commerce, marine, compagnies industrielles, tout s'agitera pour réclamer les faveurs de l'Etat. Le Trésor public sera littéralement au pillage. Chacun aura de bonnes raisons pour prouver que la fraternité légale doit être entendue dans ce sens : « Les avantages pour moi et les charges pour les autres. » L'effort de tous tendra à arracher à la législature un lambeau de privilége *fraternel*. Les classes souffrantes, quoique ayant le plus de titres, n'auront pas toujours le plus de succès; or, leur multitude s'accroîtra sans cesse, d'où il suit qu'on ne pourra marcher que de révolution en révolution.

En un mot, on verra se dérouler tout le sombre spectacle dont, pour avoir adopté cette funeste idée de *fraternité légale*, quelques sociétés modernes nous offrent la préface.

Je n'ai pas besoin de le dire : cette pensée a sa source dans des sentiments généreux, dans des intentions pures. C'est même par là qu'elles se sont concilié si rapidement la sympathie des masses, et c'est par là aussi qu'elles ouvrent un abîme sous nos pas, si le principe est faux.

J'ajoute que je serai heureux, pour mon compte, si on me démontre qu'il ne l'est pas. Eh! mon Dieu, si l'on peut décréter la fraternité universelle, et donner efficacement à ce décret la sanction de la force publique; si, comme le veut Louis Blanc, on peut faire disparaître du monde, par assis et levé, le ressort de l'intérêt personnel; si l'on peut réaliser législativement cet article du programme de la Démocratie pacifique : *Plus d'égoïsme*; si l'on peut faire que l'Etat donne tout à tous, sans rien recevoir de personne, qu'on le fasse. Certes, je voterai le décret et me réjouirai que l'humanité arrive à la perfection et au bonheur par un chemin si court et si facile.

Mais, il faut bien le dire, de telles conceptions nous semblent chimériques et futiles jusqu'à la puérilité. Qu'elles aient éveillé des espérances dans la classe qui travaille, qui souffre, et n'a pas le temps de réfléchir, cela n'est pas surprenant. Mais comment peuvent-elles égarer des publicistes de mérite?

A l'aspect des souffrances qui accablent un grand nombre de nos frères, ces publicistes ont pensé qu'elles étaient imputables à la *liberté* qui est la justice. Ils sont partis de cette idée que le système de la liberté, de la justice exacte, avait été mis légalement à l'épreuve, et qu'il avait failli. Ils en ont conclu que le temps était venu de faire faire à la législation un pas de plus, et qu'elle devait enfin s'imprégner du principe de la *fraternité*. De là, ces écoles saint-simoniennes, fouriéristes, communistes, owénistes; de là, ces tentatives d'organisation du travail; ces déclarations que l'Etat doit la subsistance, le bien-être, l'éducation à tous les citoyens; qu'il doit être généreux, charitable, présent à tout, dévoué à tous; que sa mission est d'allaiter l'enfance, d'instruire la jeunesse, d'assurer du travail aux forts, de donner des retraites aux faibles ; en un mot, qu'il a à intervenir directement pour soulager toutes les souffrances, satisfaire et prévenir tous les besoins, fournir des capitaux à toutes les entreprises, des lumières à toutes les intelligences, des baumes à toutes les plaies, des asiles à toutes les infortunes, et même des secours et du sang français à tous les opprimés sur la surface du globe.

Encore une fois, qui ne voudrait voir tous ces bienfaits découler sur le monde de la *loi* comme d'une source intarissable? Qui ne serait heureux de voir l'Etat assumer sur lui toute peine, toute prévoyance, toute responsabilité, tout devoir, tout ce qu'une Providence dont les desseins sont impénétrables, a mis de laborieux et de lourd à la charge de l'humanité, et réserver aux individus dont elle se compose le côté attrayant et facile, les satisfactions, les jouissances, la certitude, le calme, le repos, un présent toujours assuré, un avenir toujours riant, la fortune sans soins, la famille sans charges, le crédit sans garanties, l'existence sans efforts !

Certes, nous voudrions tout cela, *si c'était possible*. Mais, est-ce possible ? Voilà la question. Nous ne pouvons comprendre ce qu'on désigne par l'État. Nous croyons qu'il y a dans cette perpétuelle personnification de l'État la plus étrange, la plus humiliante des mystifications.

Qu'est-ce donc que cet État qui prend à sa charge toutes les vertus, tous les devoirs, toutes les libéralités? D'où tire-t-il ces ressources, qu'on le provoque à épancher en bienfaits sur les individus? N'est-ce pas des individus eux-mêmes? Comment donc ces ressources peuvent-elles s'accroître en passant par les mains d'un intermédiaire parasite et dévorant? N'est-il pas clair, au contraire, que ce rouage est de nature à absorber beaucoup de forces utiles et à réduire d'autant la part des travailleurs? Ne voit-on pas aussi que ceux-ci y laisseront, avec une portion de leur bien-être, une portion de leur liberté ?

A quelque point de vue que je considère la loi humaine, je ne vois pas qu'on puisse raisonnablement lui demander autre chose que la Justice.

Qu'il s'agisse, par exemple, de religion. Certes, il serait à désirer qu'il n'y eût qu'une croyance, une foi, un culte dans le monde, à la condition que ce fût la *vraie foi*. Mais, quelque désirable que soit l'Unité, la diversité, c'est-à-dire la recherche et la discussion valent mieux encore, tant que ne luira pas pour les intelligences le signe infaillible auquel cette *vraie foi* se fera reconnaître. L'intervention de l'Etat, alors même qu'elle prendrait pour prétexte la Fraternité, serait donc une oppression, une *injustice*, si elle prétendait fonder l'Unité; car qui nous répond que l'Etat, à son insu peut-être, ne travaillerait pas à étouffer la vérité au profit de l'erreur ? L'Unité doit résulter de l'universel assentiment de convictions libres et de la naturelle attraction que la vérité exerce sur l'esprit des hommes. Tout ce qu'on peut donc demander à la loi, c'est la liberté pour toutes les croyances, quelque anarchie qui doive en résulter dans le monde pensant. Car, qu'est-ce que cette anarchie prouve ? que l'Unité n'est pas à l'origine, mais à la fin de l'évolution intellectuelle. Elle n'est pas un point de départ, elle est une résultante. La loi qui l'imposerait serait injuste, et si la justice n'implique pas nécessairement la fraternité, on conviendra du moins que la fraternité exclut l'injustice.

De même pour l'enseignement. Qui ne convient que, si l'on pouvait être d'accord sur le meilleur enseignement possible, quant à la matière et quant à la méthode, l'enseignement unitaire ou gouvernemental serait préférable, puisque, dans l'hypothèse, il ne pourrait exclure législativement que l'erreur ? Mais, tant que ce critérium n'est pas trouvé, tant que le législateur, le ministre de l'instruction publique, ne porteront pas sur leur front un signe irrécusable d'infaillibilité, la meilleure chance pour que la vraie méthode se découvre et absorbe les autres, c'est la diversité, les épreuves, l'expérience, les efforts individuels placés sous l'influence de l'*intérêt au succès*, en un mot, la liberté. La pire chance, c'est l'éducation décrétée et uniforme ; car, dans ce régime, l'Erreur est permanente, universelle et irremédiable. Ceux donc qui, poussés par le sentiment de la fraternité, demandent que la *loi* dirige et impose l'éducation, devraient se dire qu'ils courent la chance que la loi ne dirige et n'impose que l'erreur ; que l'interdiction légale peut frapper la Vérité en frappant les intelligences qui croient en avoir la possession. Or, je le demande, est-ce une fraternité véritable que celle qui a recours à la force pour imposer, ou tout au moins pour risquer d'imposer l'Erreur? On redoute la diversité, on la flétrit sous le nom d'anarchie ; mais elle résulte forcément de la diversité même des intelligences et des convictions, diversité qui tend d'ailleurs à s'effacer par la discussion, l'étude et l'expérience. En attendant, quel titre a un système à prévaloir sur les autres par la loi ou la force? Ici encore nous trouvons que cette prétendue fraternité qui invoque la loi, ou la contrainte légale, est en opposition avec la Justice.

Je pourrais faire les mêmes réflexions pour la presse, et, en vérité, j'ai peine à comprendre pourquoi ceux qui demandent l'Éducation Unitaire par l'État, ne réclament pas la Presse Unitaire par l'État. La presse est un enseignement aussi. La presse admet la discussion, puisqu'elle en vit. Il y a donc là aussi diversité, anarchie. Pourquoi pas, dans ces idées, créer un ministère de la publicité et le charger d'inspirer tous les livres et tous les journaux de France ? Ou l'État est infaillible, et alors nous ne saurions mieux faire que lui soumettre le domaine entier des intelligences, ou il ne l'est pas, et, en ce cas, il n'est pas plus rationnel de lui livrer l'éducation que la presse.

Si je considère nos relations avec les étrangers, je ne vois pas non plus d'autre règle prudente, solide, acceptable pour tous, telle enfin qu'elle puisse devenir une *loi*, que la Justice. Soumettre ces relations au principe de la fraternité légale, forcée, c'est décréter la guerre perpétuelle, universelle, car c'est mettre obligatoirement notre force, le sang et la fortune des citoyens, au service de quiconque les réclamera pour servir une cause qui excite la sympathie du législateur. Singulière fraternité. Il y a longtemps que Cervantes en a personnifié la vanité ridicule.

Mais, c'est surtout en matière de travail que le dogme de la fraternité me semble dangereux, lorsque, contrairement à l'idée qui fait l'essence de ce mot sacré, on songe à le faire entrer dans

nos codes, avec accompagnement de la disposi-
tion pénale qui sanctionne toute loi positive.

La fraternité implique toujours l'idée de dévouement, de sacrifice; c'est en cela qu'elle ne
se manifeste pas sans arracher des larmes d'ad-
miration. Si l'on dit, comme certains socialistes,
que ses actes sont *profitables* à leur auteur, il n'y
a pas à les décréter; les hommes n'ont pas besoin
d'une loi pour être déterminés à faire des profits. En outre, ce point de vue ravale et ternit
beaucoup l'idée de fraternité.

Laissons-lui donc son caractère, qui est ren-
fermé dans ces mots : *Sacrifice volontaire, déterminé par le sentiment fraternel.*

Si vous faites de la fraternité une prescription
légale, dont les actes soient prévus et rendus
obligatoires par le code industriel, que reste-t-il
de cette définition ? Rien qu'une chose : le sacrifice; mais le sacrifice involontaire, forcé, déterminé par la crainte du châtiment. Et, de bonne
foi, qu'est-ce qu'un sacrifice de cette nature,
imposé à l'un au profit de l'autre? Est-ce de la
fraternité? Non, c'est de l'injustice; il faut dire
le mot, c'est de la spoliation légale, la pire des
spoliations, puisqu'elle est systématique, permanente et inévitable.

Que faisait Barbès quand, dans la séance du 15
mai, il décrétait un impôt d'un milliard en fa-

veur des classes souffrantes ? Il mettait en pratique votre principe. Cela est si vrai, que la proclamation de Sobrier, qui conclut comme le discours de Barbès, est précédée de ce préambule : « Considérant qu'il faut que la fraternité ne soit plus un vain mot, mais se manifeste par des actes, décrète : les capitalistes, connus comme tels, verseront, etc. »

Vous qui vous récriez, quel droit avez-vous de blâmer Barbès et Sobrier ? Qu'ont-ils fait, si ce n'est être un peu plus conséquents que vous, et pousser un peu plus loin votre propre principe ?

Je dis que lorsque ce principe est introduit dans la législation, alors même qu'il n'y ferait d'abord qu'une apparition timide, il frappe d'inertie le capital et le travail, car rien ne garantit qu'il ne se développera pas indéfiniment. Faut-il donc tant de raisonnements pour démontrer que lorsque les hommes n'ont plus la certitude de jouir du fruit de leur travail, ils ne travaillent pas ou travaillent moins ? L'insécurité, qu'on le sache bien, est, pour les capitaux, le principal agent de paralysation. Elle les chasse, elle les empêche de se former ; et que deviennent alors les classes mêmes dont on prétendait soulager les souffrances ? Je le pense sincèrement, cette cause seule suffit pour faire descendre en peu de temps la nation la plus prospère au-dessous de la Turquie.

Le sacrifice imposé aux uns en faveur des autres, par l'opération des taxes, perd évidemment le caractère de fraternité. Qui donc en a le mérite ? Est-ce le législateur ? Il ne lui en coûte que de déposer une boule dans l'urne. Est-ce le percepteur? Il obéit à la crainte d'être destitué. Est-ce le contribuable? Il paye à son corps défendant. A qui donc rapportera-t-on le mérite que le dévouement implique? Où en cherchera-t-on la moralité ?

La spoliation extra-légale soulève toutes les répugnances, elle tourne contre elle toutes les forces de l'opinion et les met en harmonie avec les notions de justice. La spoliation légale s'accomplit au contraire sans que la conscience en soit troublée, ce qui ne peut qu'affaiblir au sein d'un peuple le sentiment moral.

Avec du courage et de la prudence on peut se mettre à l'abri de la spoliation contraire aux lois. Rien ne peut soustraire à la spoliation légale. Si quelqu'un l'essaye, quel est l'affligeant spectacle qui s'offre à la société ? Un spoliateur armé de la loi, une victime résistant à la loi.

Quand, sous prétexte de fraternité, le Code impose aux citoyens des sacrifices réciproques, la nature humaine ne perd pas pour cela ses droits. L'effort de chacun consiste alors à apporter peu à la masse des sacrifices, et à en retirer beaucoup. Or, dans cette lutte, sont-ce les plus malheureux qui gagnent? Non certes, mais les plus influents et les plus intrigants.

L'union, la concorde, l'harmonie, sont-elles au moins le fruit de la fraternité ainsi comprise ? Ah ! sans doute, la fraternité, c'est la chaîne divine qui, à la longue, confondra dans l'unité les individus, les familles, les nations et les races ; mais c'est à la condition de rester ce qu'elle est, c'est-à-dire le plus libre, le plus spontané, le plus volontaire, le plus méritoire, le plus religieux des sentiments. Ce n'est pas son masque qui accomplira le prodige, et la spoliation légale aura beau emprunter le nom de la fraternité, et sa figure, et ses formules, et ses insignes, elle ne sera jamais qu'un principe de discorde, de confusion, de prétentions injustes, d'effroi, de misère, d'inertie et de haines.

On nous fait une grave objection. On nous dit : Il est bien vrai que la liberté, l'égalité devant la loi, c'est la justice. Mais la justice exacte reste neutre entre le riche et le pauvre, le fort et le faible, le savant et l'ignorant, le propriétaire et le prolétaire, le compatriote et l'étranger. Or, *les intérêts étant naturellement antagoniques*, laisser aux hommes leur liberté, ne faire intervenir entre eux que des lois justes, c'est sacrifier le pauvre, le faible, l'ignorant, le prolétaire, l'athlète qui se présente désarmé au combat.

« Que pouvait-il résulter, dit M. Considérant, de cette liberté industrielle sur laquelle on avait tant compté, de ce fameux principe de *libre concurrence*, que l'on croyait si fortement doué d'un caractère d'organisation démocratique? Il n'en pouvait sortir que l'asservissement général, l'inféodation collective des masses dépourvues de capitaux, d'armes industrielles, d'instruments de travail, d'éducation enfin, à la classe industriellement pourvue et bien armée. On dit : « La lice est ouverte, tous les individus sont appelés au combat, les conditions sont égales pour tous les combattants. » Fort bien, on n'oublie qu'une seule chose, c'est que sur ce grand champ de guerre, les uns sont instruits, aguerris, équipés, armés jusqu'aux dents, qu'ils ont en leur possession un grand train d'approvisionnement, de matériel, de munitions et de machines de guerre, qu'ils occupent toutes les positions, et que les autres dépouillés, nus, ignorants, affamés, sont obligés, pour vivre au jour le jour et faire vivre leurs femmes et leurs enfants, d'implorer de leurs *adversaires* eux-mêmes un travail quelconque et un maigre salaire. »

Quoi! l'on compare le travail à la guerre! Ces armes, qu'on nomme capitaux, qui consistent en approvisionnements de toute espèce, et qui ne peuvent jamais être employés qu'à vaincre la nature rebelle, on les assimile, par un sophisme déplorable, à ces autres armes sanglantes que, dàns les combats, les hommes tournent les uns contre les autres! En vérité, il est trop facile de calomnier l'ordre industriel quand, pour le décrire, on emprunte tout le vocabulaire des batailles.

La dissidence profonde, irréconciliable sur ce point entre les socialistes et les économistes, consiste en ceci : Les socialistes croient à l'antagonisme essentiel des intérêts. Les économistes croient à l'harmonie naturelle, ou plutôt à l'harmonisation nécessaire et progressive des intérêts. Tout est là.

Partant de cette donnée que les intérêts sont naturellement antagoniques, les socialistes sont conduits, par la force de la logique, à chercher pour les intérêts une organisation *artificielle*, ou même à étouffer, s'ils le peuvent, dans le cœur de l'homme, le sentiment de l'intérêt. C'est ce qu'ils ont essayé au Luxembourg. Mais s'ils sont assez fous, ils ne sont pas assez forts, et il va sans dire qu'après avoir déclamé, dans leurs livres, contre l'individualisme, ils vendent leurs livres et se conduisent absolument comme le vulgaire dans le train ordinaire de la vie.

Ah ! sans doute, si les intérêts sont naturellement antagoniques, il faut fouler aux pieds la Justice, la Liberté, l'Egalité devant la loi. Il faut refaire le monde, ou, comme ils disent, *reconstituer la société* sur un des plans nombreux qu'ils ne cessent d'inventer. A l'intérêt, principe désorganisateur, il faut substituer le *dévouement* légal, imposé, involontaire, forcé, en un mot la Spoliation organisée ; et comme ce nouveau principe ne peut que soulever des répugnances et des résistances infinies, on essayera d'abord de le faire accepter sous le nom menteur de Fraternité, après quoi on invoquera la loi, qui est la force.

Mais si la Providence ne s'est pas trompée, si elle a arrangé les choses de telle sorte que les intérêts, sous la loi de justice, arrivent naturellement aux combinaisons les plus harmoniques; si, selon l'expression de M. de Lamartine, ils se font par la liberté une justice que l'arbitraire ne peut leur faire ; si l'égalité des droits est l'acheminement le plus certain, le plus direct vers l'égalité de fait, oh ! alors, nous pouvons ne demander à la loi que justice, liberté, égalité, comme on ne demande que l'éloignement des obstacles pour que chacune des gouttes d'eau qui forment l'Océan prenne son niveau.

Et c'est là la conclusion à laquelle arrive l'Économie politique. Cette conclusion, elle ne la cherche pas, elle la trouve ; mais elle se réjouit de la trouver ; car enfin, n'est-ce pas une vive satisfaction pour l'esprit que de voir l'harmonie dans la liberté, quand d'autres sont réduits à la demander à l'arbitraire ?

Les paroles haineuses que nous adressent souvent les socialistes sont en vérité bien étranges! Eh quoi! si par malheur nous avons tort, ne devraient-ils pas le déplorer? Que disons-nous? Nous disons : Après mûr examen, il faut reconnaître que Dieu a bien fait ce qu'il a fait, en sorte que la meilleure condition du progrès, c'est la justice et la liberté.

Les Socialistes nous croient dans l'erreur ; c'est leur droit. Mais ils devraient au moins s'en affliger ; car notre erreur, si elle est démontrée, implique l'urgence de substituer l'artificiel au naturel, l'arbitraire à la liberté, l'invention contingente et humaine à la conception éternelle et divine.

Supposons qu'un professeur de chimie vienne dire : « Le monde est menacé d'une grande catastrophe ; Dieu n'a pas bien pris ses précautions. J'ai analysé l'air qui s'échappe des poumons humains, et j'ai reconnu qu'il n'était plus propre à la respiration ; en sorte qu'en calculant le volume de l'atmosphère, je puis prédire le jour où il sera vicié tout entier, et où l'humanité périra par la phthisie, à moins qu'elle n'adopte un mode de respiration artificielle de mon invention. »

Un autre professeur se présente et dit : « Non, l'humanité ne périra pas ainsi. Il est vrai que l'air qui a servi à la vie animale est vicié pour cette fin ; mais il est propre à la vie végétale, et celui qu'exhalent les végétaux est favorable à la respiration de l'homme. Une étude incomplète avait induit à penser que Dieu s'était trompé; une recherche plus exacte montre qu'il a mis l'harmonie dans ses œuvres. Les hommes peuvent continuer à respirer comme la nature l'a voulu. »

Que dirait-on si le premier professeur accablait le second d'injures, disant : « Vous êtes un chimiste au cœur dur, sec et froid; vous prêchez l'horrible *laissez faire*; vous n'aimez pas l'humanité, puisque vous démontrez l'inutilité de mon appareil respiratoire. »

Voilà toute notre querelle avec les socialistes. Les uns et les autres nous voulons l'harmonie. Ils la cherchent dans les combinaisons innombrables qu'ils veulent que la loi impose aux hommes; nous la trouvons dans la nature des hommes et des choses.

Ce serait ici le lieu de démontrer que les intérêts tendent à l'harmonie, car c'est toute la question; mais il faudrait faire un cours d'économie politique, et le lecteur m'en dispensera pour le moment. Je dirai seulement ceci : Si l'Economie politique arrive à reconnaître l'harmonie des intérêts, c'est qu'elle ne s'arrête pas, comme le Socialisme, aux conséquences immédiates des phénomènes, mais qu'elle va jusqu'aux effets ultérieurs et définitifs. C'est là tout le secret. Les deux écoles diffèrent exactement comme les deux chimistes dont je viens de parler ; l'une voit la partie, et l'autre l'ensemble. Par exemple, quand les socialistes voudront se donner la peine de suivre jusqu'au bout, c'est-à-dire jusqu'au consommateur, au lieu de s'arrêter au producteur, les effets de la concurrence, ils verront qu'elle est le plus puissant agent égalitaire et progressif, qu'elle se fasse à l'intérieur ou qu'elle vienne du dehors. Et c'est parce que l'économie politique trouve dans cet effet définitif ce qui constitue l'harmonie, qu'elle dit : Dans mon domaine, *il y a beaucoup à apprendre et peu à faire.* Beaucoup à apprendre, puisque l'enchaînement des effets ne peut être suivi qu'avec une grande application ; peu à faire, puisque de l'effet définitif sort l'harmonie du phénomène tout entier.

Il m'est arrivé de discuter cette question avec l'homme éminent que la Révolution a élevé à une si grande hauteur. Je lui disais : La loi agissant par voie de contrainte, on ne peut lui demander que la justice. Il pensait que les peuples peuvent de plus attendre d'elle la fraternité. Au mois d'août dernier, il m'écrivait : « Si jamais, dans un temps de crise, je parviens au timon des affaires, votre idée sera la moitié de mon symbole. » Et moi, je lui réponds ici : « La seconde moitié de votre symbole étouffera la première, car vous ne pouvez faire de la fraternité légale sans faire de l'injustice légale. »

En terminant, je dirai aux Socialistes : Si vous croyez que l'économie politique repousse l'association, l'organisation, la fraternité, vous êtes dans l'erreur.

L'association ! Et ne savons-nous pas que c'est la société même, se perfectionnant sans cesse ?

L'organisation ! Et ne savons-nous pas qu'elle fait toute la différence qu'il y a entre un amas d'éléments hétérogènes et les chefs-d'œuvre de la nature ?

La fraternité ! Et ne savons-nous pas qu'elle est à la justice ce que les élans du cœur sont aux froids calculs de l'esprit ?

Nous sommes d'accord avec vous là-dessus ; nous applaudissons à vos efforts pour répandre sur le champ de l'humanité une semence qui portera ses fruits dans l'avenir.

Mais nous nous opposons à vous dès l'instant que vous faites intervenir la loi et la taxe, c'est-à-dire la contrainte et la spoliation ; car, outre que ce recours à la force témoigne que vous avez plus de foi en vous que dans le génie de l'humanité, il suffit, selon nous, pour altérer la nature même et l'essence de ce dogme dont vous poursuivez la réalisation.

FIN.

EXTRAIT DU CATALOGUE

DE LA

LIBRAIRIE GUILLAUMIN ET Cie.

*Publications nouvelles
sur les questions économiques
à l'ordre du jour.*

Observations sur l'état des classes ouvrières, par THÉODORE FIX; 1 vol. in-8. Prix : 6 fr.

Du Progrès social au profit des classes populaires non indigentes, suivi de : *Plan d'une réorganisation disciplinaire des classes industrielles en France*, 2me édition, revue et corrigée par F.-F. de LA FARELLE, membre correspondant de l'Institut: 1 vol. in-8. Prix : 6 fr.

Essai sur les relations du travail avec le capital, par M. Ch. DUPONT WHITE, secrétaire général du ministre de la justice; 1 vol. in-8. Prix : 6 fr.

Les Droits du travailleur, essai sur les devoirs des maîtres envers leurs subordonnés, traduit de l'anglais, par Mme LOUISE BOYELDIEU D'AUVIGNI; 1 vol. in-12, format anglais. Prix : 2 fr.

Sophismes économiques, par M. FR. BASTIAT, membre correspondant de l'Institut, représentant du peuple; 2 jolis vol. in-16. Prix : 2 fr.

Études économiques sur l'organisation de la Liberté industrielle et sur l'abolition de l'esclavage, par M. GUSTAVE DE MOLINARI; broch. in-18. Prix : 75 c.

Du système social et des lois qui le régissent, par AD. QUÉTELET, directeur de l'Observatoire de Bruxelles, membre correspondant de l'Institut de France; 1 vol. in-8 : Prix, 7 fr. 50 c.

Études d'économie politique et de statistique, par M. L. WOLOWSKI, représentant du peuple, professeur de législation industrielle au Conservatoire des Arts-et-Métiers; 1 vol. in-8. Prix : 7 fr. 50 c.

Statistique de l'agriculture de la France, comprenant la Statistique des céréales, de la vigne, des cultures diverses, des pâturages, des bois et forêts, et des animaux domestiques, avec leur production actuelle comparée à celle des temps anciens et des principaux pays de l'Europe, par ALEX. MOREAU DE JONNÈS, membre correspondant de l'Institut; 1 fort vol. in-8. Prix : 8 fr.

Organisation du travail. Lettres économiques sur le prolétariat, par GUSTAVE DU PUYNODE, docteur en droit; 1 vol. in-12, format anglais. Prix : 3 fr.

Questions des Travailleurs. L'Amélioration du sort des ouvriers, les salaires, l'organisation du travail, par M. MICHEL CHEVALIER ; broch. in-18. Prix : 50 c.

La Liberté du travail. Discours d'ouverture du cours d'Économie politique au collège de France, pour l'année scolaire 1847-48, par M. MICHEL CHEVALIER ; broch. in-8. Prix : 50 c.

Du système de M. Louis Blanc, ou le Travail, l'Association et l'Impôt, par M. LEON FAUCHER, représentant du peuple ; 1 vol. in-18. Prix : 75 c.

Le Socialisme, c'est la barbarie, Examen des questions sociales qu'a soulevées la Révolution du 24 février 1848, par A.-E. CHERBULIEZ, ancien professeur d'économie politique et de droit public ; broch. in-8. Prix : 50 c.

Organisation du travail et du commerce, par CHARLES DE MONTAIGU, membre de l'Institut historique ; 1 vol. in-8. Prix : 2 fr. 50 c.

Études sur les Profits et les Salaires, Exposé des faits généraux qui règlent les rapports des profits avec les salaires et qui en expliquent les oscillations respectives. Mémoire lu à l'Académie des sciences morales et politiques, par JOSEPH GARNIER, professeur d'économie politique à l'Ecole nationale des Ponts et Chaussées; broch. in-8. Prix : 1 fr. 25 c.

Du Travail et de l'Organisation des Industries dans la Liberté, par VICTOR LURO, avocat à la Cour d'appel ; broch. format in-12. Prix : 60 c.

Des nouvelles Idées de réformes industrielles, et en particulier du projet d'Organisation du Travail de M. Louis Blanc, par M. A. GLÉMENT, auteur des *Recherches sur les causes de l'indigence*; broch. in-18. Prix : 25 c.

Organisez le Travail, ne le désorganisez pas. Lettre aux ouvriers, par AMÉDÉE GRATIOT, directeur de la papeterie d'Essonne, 2me édit.; broch. in-18. Prix : 10 c.

Organisation financière de la République, par M. EDELÈSTANT DU MÉRIL ; broch. in-8. Prix : 60 c.

Plan social et humanitaire, Organisation du Travail et de l'Impôt ; Union et Fraterni é entre tous les hommes ; par J.-J.-B. COULON, docteur en droit ; broch. in-8. Prix : 75 c.

Organisation du Travail agricole, par le citoyen P. JOIGNEAUX, représentant du peuple ; broch. in-18. Prix : 25 c.

Factieux ! Factieux! par VICTOR CHAMPHOL; broch. in-18. Prix : 25 c.

De l'Organisation du Travail, par un meilleur système de crédit, par M. JOHAN C. BIJLEVELD, avocat ; broch. in-8. Prix : 25 c.

Impôt sur les rentes, réforme des impôts directs et comptoirs agricoles, par L. DAVÉSIÉS; broch. in-8. Prix : 50 c.

Manifeste social, par M. PLUYETTE; broch. in 8. Prix : 30 c.

De l'Organisation du Travail de la fabrication des étoffes de soie, par l'As ociation de tous les travailleurs, avec participation aux bénéfices par le citoyen DAUSSIGNY, de Lyon ; broch. in-8. Prix : 25 c.

Des progrès de l'industrie dans leurs rapports avec le bien-être physique et moral de la classe ouvrière, par DEGÉRANDO, membre de l'Institut ; 1 vol. in-18. Prix : 50 c.

Lettres à une dame sur la charité. 2e édition, revue et corrigée, par M. P.-A. DUFAU, directeur de l'Institut des Aveugles de Paris ; 1 vol. grand in-18, format dit anglais. Prix : 3 fr. 50.

Essai statistique sur les établissements de bienfaisance, par M. DE WATTEVILLE ; broch. grand in-8. Prix : 3 fr. 50 c. Travail précieux établi sur des documents officiels.

Du Crédit et de la Circulation. par M. Auguste CIEZKOWSKI. 2e édition, revue et augmentée ; 1 vol. in-8. Prix : 7 fr. 50 c.

Etudes sur le budget, et spécialement sur l'impôt foncier, par M. COFFINIÈRES, docteur en droit, ancien membre du Conseil général de Seine-et-Oise ; 1 vol. in-8. Prix : 6 fr.

Eléments d'économie politique, par M. Joseph GARNIER, professeur à l'Ecole des ponts et chaussées. 2e édition, revue et beaucoup augmentée ; un beau vol. grand in-8. Prix : 3 fr. 50 c.

OEuvres complètes de Ricardo, augmentées de notes de J.-B. SAY, de nouvelles notes et des commentaires de MALTHUS, SISMONDI, MM. ROSSI, BLANQUI, etc., et précédées d'une notice sur la vie et les travaux de RICARDO, par M. ALC. FONTEYRAUD.—Un seul vol. grand in-8, de 800 pages. Prix : 12 fr.

Ce volume forme le tome XIIIe de la *Collection des principaux économistes.*

Des travaux publics dans leurs rapports avec l'agriculture, par M. ARISTIDE DUMONT, ingénieur des ponts et chaussées ; 1 vol. in-8. Prix : 6 fr. 50 c.

La Prusse, son progrès politique et social, par M. ALEX. MOREAU DE JONNÈS fils, *suivi d'un* PRÉCIS ÉCONOMIQUE ET STATISTIQUE DES RÉFORMES OPÉRÉES DEPUIS 1806 JUSQU'A L'ÉPOQUE ACTUELLE, traduit de l'allemand de M. DIETERICI ; 1 vol. in-8. Prix : 7 fr. 50 c.

Essai sur l'appréciation de la fortune privée au moyen âge, suivi d'un examen critique des tables de prix du marc d'argent, depuis l'époque de saint Louis. 2e édition, revue et augmentée de nouvelles recherches, par M. LEBER; 1 vol. in-8. Prix : 7 fr.

Annuaire de l'économie et de la statistique pour 1848 (5e année); 1 fort vol. in-18. Prix : 3 fr. 50 c.

De l'action de la noblesse, et des classes supérieures dans les sociétés modernes, d'après les documents officiels, par M. L. MOUNIER, avec des remarques par M. RUBICHON, 1 vol. in-8. Prix : 5 fr.

Paris révolutionnaire, par MM. GODEFROY CAVAIGNAC, ALTAROCHE, FLOTTARD, Fréd. DEGEORGES, TRÉLAT, PANCE, BONNIAS, A. MARRAST, Et. ARAGO, etc., un beau vol. in-12, format anglais. Prix : 3 fr. 50 c.